Du und Ich

und unser neues kleines Baby

Marlee und Benny Alex

Fotos:

Benny Alex und Jørgen Vium Olesen

Brunnen Verlag · Basel und Gießen

Wenn Kinder fragen Nr. 1

Titel der englischen Originalausgabe:
«You and Me – and our new little Baby»
Copyright: 1981 by Forlaget Scandinavia, Kopenhagen

Übersetzung: Dorothee Degen-Zimmermann

Copyright der deutschen Ausgabe
1981 by Brunnen Verlag Basel
Verantwortlich für die Koproduktion: Angus Hudson, London
Herstellung: Purnell & Sons Ltd., Paulton (England)

ISBN 3 7655 2675 4

Dies ist ein Buch für Kinder:
Es soll ihnen erzählen, wie ein Baby entsteht.
Drei Familien waren am Werden dieses Bildbandes
beteiligt. Wir brauchten im ganzen eineinhalb
Jahre dazu – eine lange Zeit für solch ein Buch. Der
Grund war, daß wir in dieser Zeit selbst alle durch die
Erfahrungen gingen, die hier beschrieben sind. Wir
danken unseren sieben älteren Kindern für ihr
Verständnis und ihre vielfältige Hilfe. Mit Freude
teilen wir mit, daß allen drei Familien inzwischen ein
kleines Mädchen geschenkt wurde.
Wir danken Maria, Thomas, Cecilie (dem Baby), Tone
(der Mutter), Jørgen (dem Vater) und Nini (Tante
Ursula) für ihre Geduld.
Besonderer Dank gebührt auch Bente und Leon Have
Thomsen, von denen die ursprüngliche Idee stammt,
und Ivan Chetwynd, der uns beim Ausarbeiten des
Manuskriptes half.

Die Herausgeber

Es war Samstag morgen. Maria und Thomas wachten erst auf, als die hellen Sonnenstrahlen durchs Fenster direkt auf ihre Gesichter fielen. Maria sprang als erste aus dem Bett und schlüpfte in ihr Kleid.

Dann drehte sie sich um und warf Thomas ein Kissen an den Kopf.
«Steh auf, du Schlafmütze! Wer ist zuerst im Badezimmer?»

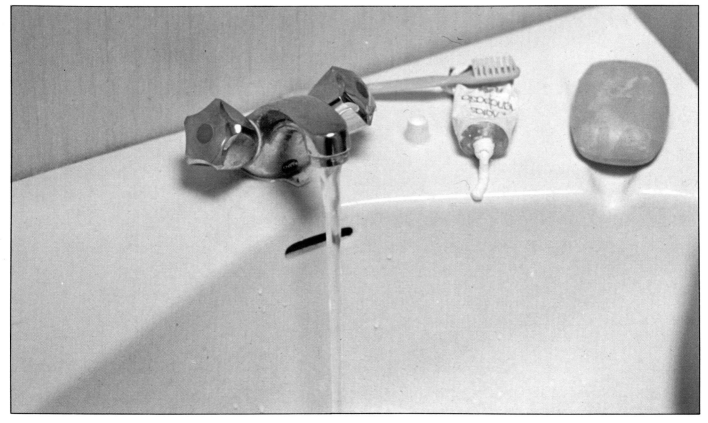

Maria hatte sich schon die Zähne geputzt und das Gesicht gewaschen, als Thomas endlich aus dem Bett kroch. Heute mußte er nicht zur Schule gehen, so konnte er den lieben langen Tag spielen.

Thomas vertrug sich recht gut mit seiner kleinen Schwester. Natürlich fand er sie manchmal unausstehlich, aber er mochte sie trotzdem. Sie hatte immer so tolle Ideen, was man miteinander unternehmen könnte.

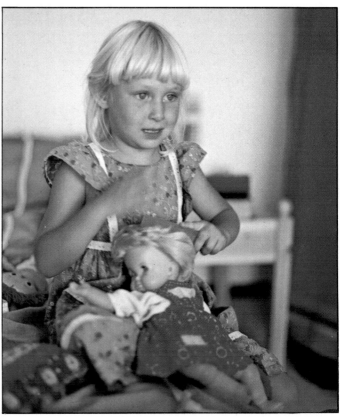

Als Thomas aus dem Badezimmer
zurückkam, zog Maria gerade ihre Puppe an.

«Du, wollen wir Mutter und Kind spielen?»
fragte sie. «Du darfst der Vater sein.»

 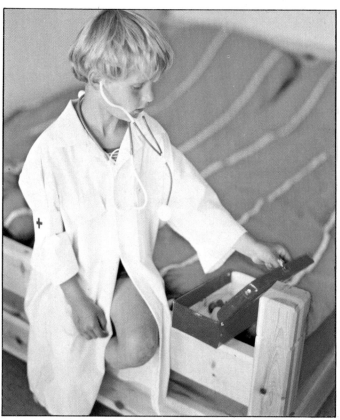

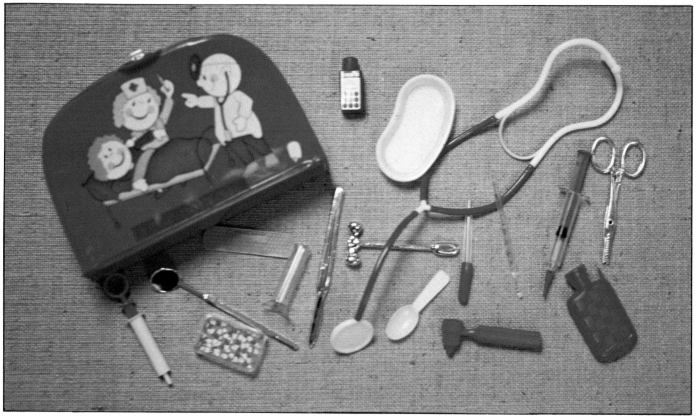

«Ich möchte lieber Doktor spielen», sagte Thomas. «Du kannst ja eine Mutter sein, die im Krankenhaus ein Kind holt.»

Thomas lief zum Schrank hinüber und holte sein Doktorköfferchen und ein altes weißes Hemd.

«Aber man kann doch nicht einfach ins Krankenhaus gehen und ein Kind holen, Thomas. Es kommt doch aus dem Bauch der Mutter!»
Maria stopfte sich ein Kissen unter ihr Kleid.

Sie war sehr stolz.
«Siehst du? Jetzt hab ich ein Baby im Bauch. Du kannst mir helfen, es rauszukriegen, ja?»

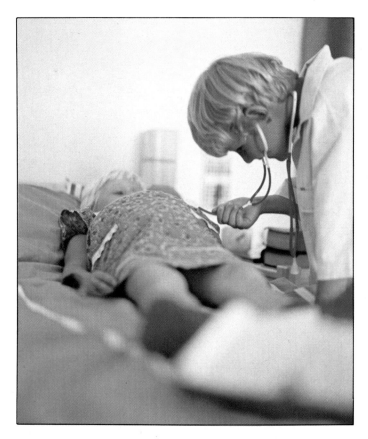

Maria legte sich aufs Bett. Thomas nahm sein Spielzeug-Operationsmesser. «Nein, so macht man das doch nicht, Thomas!» entsetzte sich Maria und zog schnell das Kissen unter ihrem Kleid hervor.

Thomas guckte sie verwundert an. Er wußte wirklich nicht, was er falsch gemacht hatte. Aber Maria hatte schon das Kissen mit ihrer Puppe vertauscht und gab ihr zu trinken. Dann fiel ihr wieder etwas ein, und sie lief aus dem Zimmer.

Als sie zurückkam, trug sie Mamis Hut und Halskette. Außerdem hatte sie einen leuchtend roten Lippenstift mitgebracht. Sie bemalte ihr ganzes Gesicht damit.

«So, nun sehe ich wie eine richtige Mami aus», verkündete sie. Stolz nahm sie ihre Puppe in den Arm und strahlte Thomas an: «Mamis müssen hübsch aussehen. Besonders, wenn sie ein neues kleines Baby haben.»

«Zum Glück müssen Jungen nicht all das Zeug tragen», dachte Thomas. Dann sagte er: «Ich hole jetzt meinen Cowboy-Hut und das Gewehr!» Aber da wurden die Kinder von Mutters Stimme unterbrochen.
«Das Frühstück ist fertig, ihr zwei!» rief sie nach oben.

Maria und Thomas ließen alles liegen und polterten die Treppe hinunter zu Tisch, wo Mutter und Vater bereits auf sie warteten.

«Wir haben mit der Puppe gespielt, Papi,
und ich habe ein Baby bekommen», erzählte
Maria.
Vater schaute überrascht zu Mutter hinüber.
«Hast du ihnen schon etwas gesagt?» fragte er.
Mami schüttelte den Kopf.

«Setzt euch jetzt erst einmal und eßt.
Nachher will ich euch etwas Tolles erzählen.
Aber zuerst wollen wir uns die Hände geben
und Gott für das Essen danken und dafür,
daß heute ein so schöner Tag ist.»

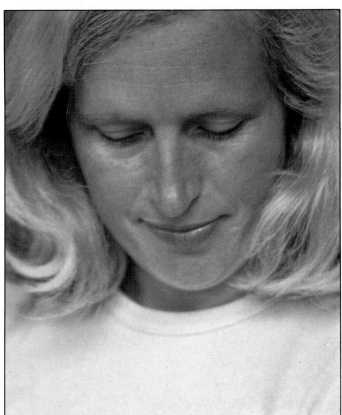

«Was willst du uns denn erzählen?» forschte
Maria.
«Mädchen sind doch furchtbar neugierig!»
hänselte Thomas.
Nach dem Essen räumte Papi den Tisch ab.
Dann schaute er die beiden Kinder an und

fragte: «Hat Mami nicht oft ein bißchen
müde ausgesehen in letzter Zeit?»
Maria und Thomas sahen zu Mutter hinüber.
Sie hatten sich nie Gedanken darüber
gemacht.
«Vielleicht hat sie etwas mehr geschimpft als
sonst», vermutete Maria.

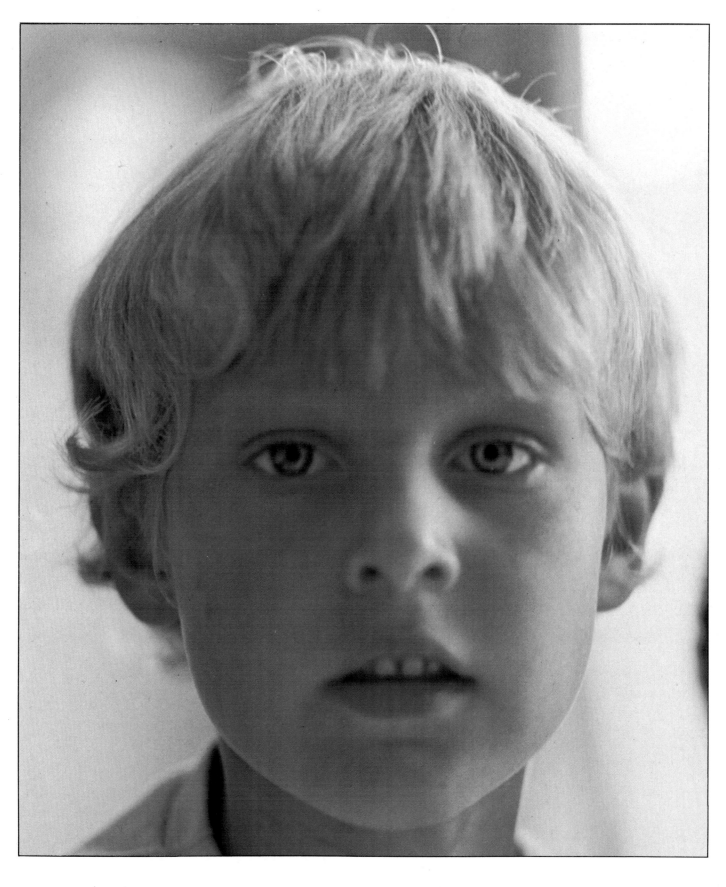

«Wißt ihr, wir müssen jetzt wirklich lieb sein mit Mami, denn es gibt einen Grund, warum sie so schnell müde wird. Sie hat nämlich ein kleines Baby in ihrem Bauch.»

«Im Bauch, wo all die Nudeln und Kartoffeln sind?» wunderte sich Thomas.

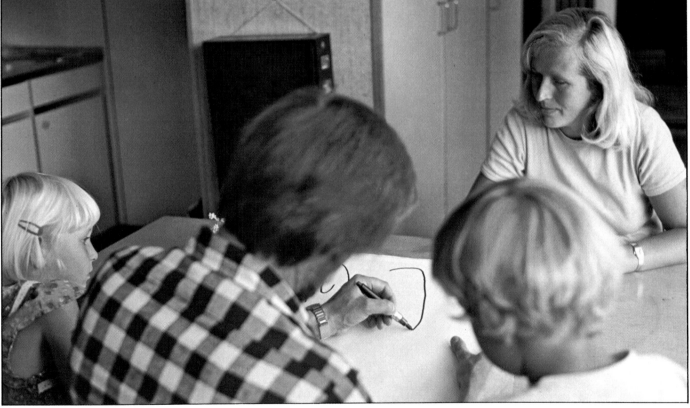

«Kommt her, ich will euch etwas zeigen», erklärte Papi und setzte sich mit Thomas und Maria an den Tisch.
«Nein, Thomas, das Baby ist nicht bei den Nudeln und Kartoffeln.

Es liegt in einer besonderen Tasche, die man ‹Gebärmutter› nennt. Diese Tasche ist mit Wasser gefüllt, und darin lebt und wächst das Kind bis zu dem Tag, an dem es zur Welt kommt.»

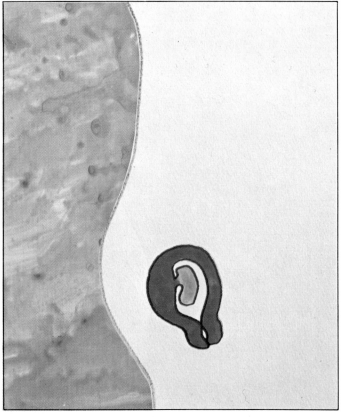
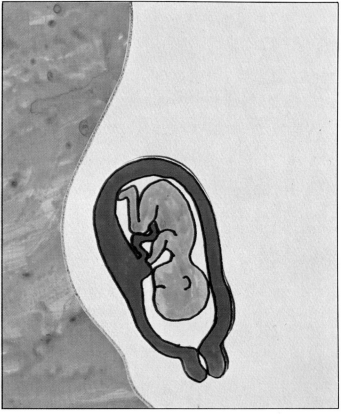

«Wie ißt denn das Baby?» fragte Maria.
«Es bekommt seine Nahrung von Mami
durch eine Art ‹Schlauch›, der an seinem
Bauchnabel angewachsen ist, der
sogenannten Nabelschnur.»
«Schaut mal, ich hab auch einen Bauchnabel!»
rief Thomas dazwischen.

«Wie groß ist das Baby jetzt?» wollte Maria
wissen.
«Es ist noch recht klein, etwa wie dein
Fäustchen, Maria. Darum ist Mamis Bauch
bis jetzt kaum größer geworden. Aber wartet
nur, in einigen Wochen werdet ihr sehen,
wie er runder und runder wird.»

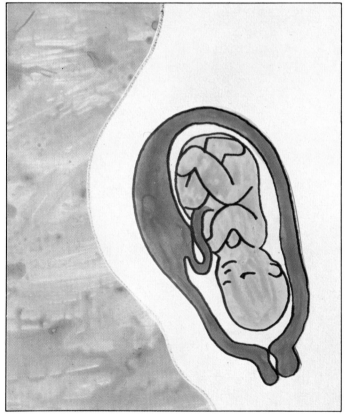 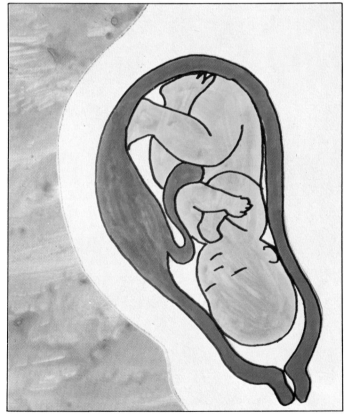

«Und ihr werdet sogar fühlen können, wie das Baby in meinem Bauch strampelt», sagte Mami. «Das ist das Schönste daran. Jetzt ist es erst zehn Wochen alt, aber es hat schon richtige winzige Händchen und Füßchen wie Marias Puppe. Es ist schon ein richtiger kleiner Mensch. Gott hat es geschaffen mit allem, was dazugehört: einem Verstand, einer Seele und einem Körper.»

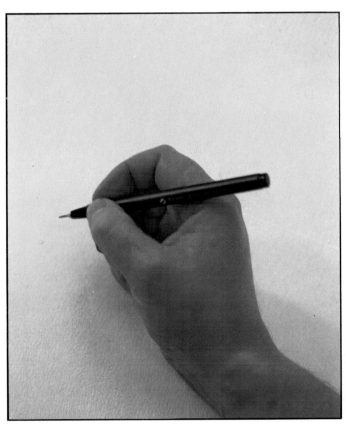

«Aber Mami, woher weißt du denn, wie alt das Baby ist? War es nicht schon immer drin, seit du Papi geheiratet hast? Kannst du es mal rausnehmen? Ich möchte es so gerne sehen!»

Mutter schaute zu Vater hinüber. Sie lächelten einander an. Dann malte Papi einen kleinen Punkt auf ein Blatt Papier. «Seht, am Anfang war das Baby so klein wie dieser Punkt. Dieses Pünktchen nennt man Ei, und es ist in Mamis Bauch entstanden.

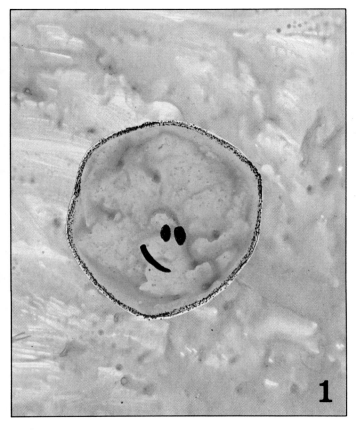

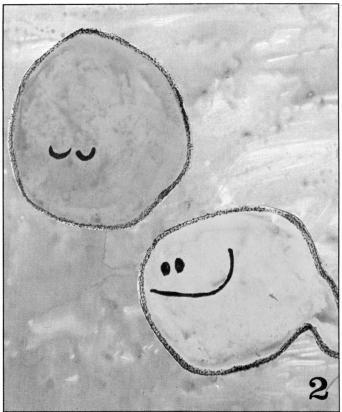

Wenn sich das kleine Ei mit einem winzigen Samen aus Papis Körper vereint, beginnt ein Kind zu wachsen. So seid auch ihr entstanden. Und ihr habt ganz recht, daß es etwas mit dem Heiraten zu tun hat. Denn Gott wollte, daß kleine Babies in eine Familie hineingeboren werden, mit einer Mutter und einem Vater, die einander liebhaben.»

«Papi, in meiner Klasse ist ein Junge, der keinen Vater hat.»
«Weißt du, Thomas, jedes Kind hat einen Vater, so gut wie es eine Mutter hat. Aber vielleicht leben die beiden nicht mehr zusammen. So ist das leider: Manche Kinder leben nur noch mit ihrer Mutter oder mit ihrem Vater.»

«Meine Sonntagsschullehrerin sagt, Gott hat die Menschen geschaffen. Was meinst du dazu, Papi?»

«Gott hat das Leben in dem kleinen Ei und dem Samen geschaffen, so daß daraus ein Kind werden kann, das wächst, geboren wird und eines Tages ein erwachsener Mensch ist.

Gott hat die Körper von Vater und Mutter so geschaffen, daß aus ihnen ein neuer Mensch entstehen kann.

Alles Leben kommt ursprünglich von Gott. Aber er hat den Eltern das Vorrecht gegeben, dieses Leben weiterzugeben.»

Thomas schaute plötzlich auf, als wäre ihm ein Licht aufgegangen. «Macht ihr ein Baby, wenn ihr einander küßt?»
Maria nickte zustimmend: «Ja, Mami lächelt immer, wenn du sie küßt. Tut sie das, weil sie weiß, daß sie nun ein kleines Baby bekommt?»

«Nein, Maria, wenn Mami und Papi einander küssen, dann zeigen wir einander damit nur, daß wir uns liebhaben. Eine andere Möglichkeit, einander seine Liebe zu zeigen, ist, wenn man sich gegenseitig hilft, zum Beispiel, wenn ich Mami helfe, das Geschirr zu spülen, wie ich das jetzt gleich tun werde.»
Papi lächelte.

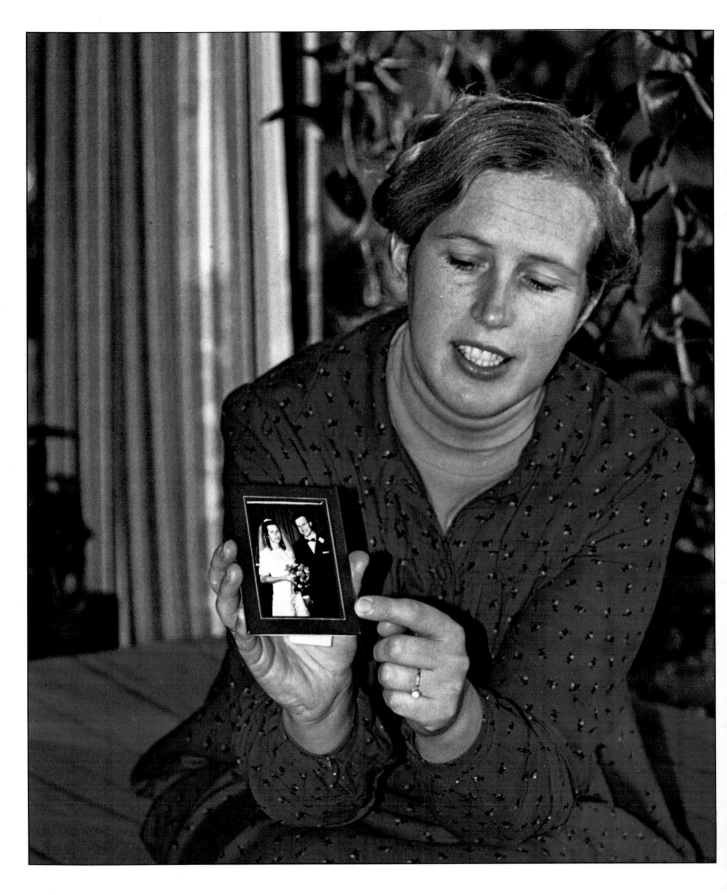

Mami setzte sich neben Thomas.

«Der liebe Gott hat den Menschen eine ganz besondere Form des Zusammenlebens geschenkt, in der sie ihre Liebe füreinander zeigen können: die Ehe.

Als Papi und ich heirateten, versprachen wir einander, daß wir uns ein Leben lang helfen und lieben wollen. Das ist die Grundlage für eine neue Familie. In der Bibel steht, daß zwei Menschen zusammen stärker und glücklicher sein können als jeder für sich allein. Und in dieser Gemeinschaft gibt es eine wunderschöne Möglichkeit, wie sie sich aneinander freuen können.

Wir nennen sie die sexuelle Vereinigung.

Das bedeutet, daß wir mit unserem Körper

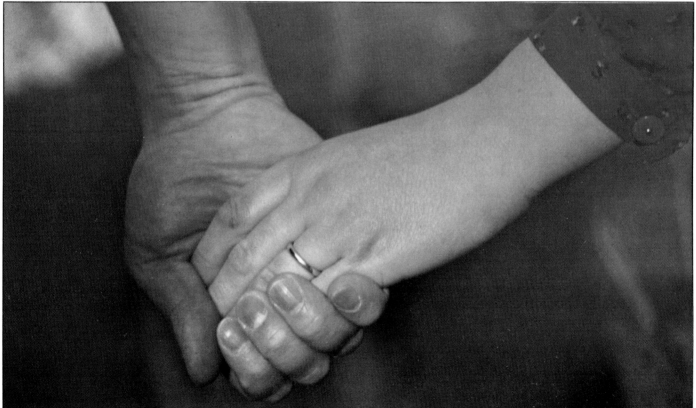

ausdrücken dürfen, daß wir ‹eins› sind. Manchmal, wenn Mami und Papi allein beieinander sind, kommen sie sich sehr, sehr nahe. Die kleinen Samen von Papis Körper können dann durch sein Glied in Mamis Körper hineinfließen, durch einen eigens dafür passenden ‹Eingang›, eine Öffnung zwischen Mamis Beinen.

Zu gewissen Zeiten trifft dabei ein Same auf ein winziges Ei in Mamis Bauch und vereint sich mit ihm. Und so beginnt ein Kind zu wachsen.
Es ist eines der größten Wunder dieser Welt, daß Gott ein kleines Baby aus fast nichts schaffen kann.»

Maria und Thomas hatten still zugehört, als
Mami erklärte, wie Mann und Frau einander
ihre Liebe zeigen können und wie sie damit
ein kleines Baby ins Leben rufen, das man
liebhaben kann. Dann schauten sie einander
strahlend an.
«Ich hoffe, das kleine Baby wird ein
Mädchen», schwärmte Maria.

Aber sofort fiel Thomas ein:
«Ich möchte, daß es ein Junge ist. Mami,
können wir nicht einen Jungen bekommen,
damit ich ihm zeigen kann, wie man mit
Autos und Lastwagen spielt?»
«Nein, mit einem Mädchen ist es viel
lustiger! Wir wollen ein Mädchen, nicht
wahr, Papi?» rief Maria.

«Wißt ihr, wir können nicht selbst wählen,
ob es ein Junge oder ein Mädchen sein soll.
Gott wird uns schon das richtige Baby für
unsere Familie schenken», erklärte Papi.
«Bis es aber soweit ist, haben wir noch viel
Zeit, um alle eure Fragen zu beantworten.

Nun wollen wir aber rasch das Geschirr
spülen, während Mami sich ein bißchen
hinlegt. Und dann könnt ihr zwei wieder
spielen gehen.»

Viele Wochen kamen und gingen.
An einem schönen Frühlingstag machte sich die ganze Familie auf zu einem Picknick im Wald. Mamis Bauch war inzwischen schon ganz schön rund geworden.
«Schneidet der Doktor ein Loch in deinen Bauch, um das Baby herauszuholen?» erkundigte sich Thomas unterwegs.

«Nun, in einigen Ausnahmefällen muß der Doktor tatsächlich den Bauch aufschneiden, zum Beispiel, wenn das Baby verkehrt herum liegt und selbst nicht raus kann oder wenn es nötig ist, das Baby ganz schnell rauszuholen. So eine Operation nennt man einen ‹Kaiserschnitt›.»
«Bin ich froh, daß ein Junge keine Kinder kriegen kann!» atmete Thomas erleichtert auf.

«Aber bei einer normalen Geburt», fuhr Mami fort, «schlüpft das Baby durch die Öffnung zwischen den Beinen der Mutter, mit dem Kopf voran. Wenn es Zeit ist, daß das Kleine geboren wird, werde ich Wehen bekommen, weil die Muskeln der Gebärmutter sich dann zusammenziehen. Auf diese Weise wird das Kind herausgepreßt.

Es stimmt, Thomas: es ist nicht immer leicht, ein Kind zu bekommen. Ich werde meine ganze Konzentration brauchen, wenn es soweit ist. Aber Gott wollte auch, daß es eine wunderbare, unvergeßliche Erfahrung ist. Und das war es auch, als ihr beide geboren wurdet!»

Der Sommer kam, und es gab viel zu tun, um alles für das Baby vorzubereiten. Als der Herbst nahte, war schließlich alles bereit. Thomas half, das Bettchen aufzustellen. Die beiden durften auch mithelfen, einen schönen Namen für das neue Baby zu finden. Wenn es ein Mädchen würde, sollte es Rahel heißen; das bedeutet «kleines Lamm». Für den Fall, daß es ein Junge war, hatten sie sich für Daniel entschieden. Thomas fand, das sei ein guter, starker Name.

«Steht auf, ihr zwei!» rief Papi eines morgens ganz aufgeregt, so daß Thomas und Maria sofort hellwach waren. «Mami und ich fahren jetzt ins Krankenhaus», sagte Papi. «Mami hat die ganze Nacht Wehen gehabt. Ihr wißt, wir haben abgemacht, daß Tante Ursula kommt und euch zu sich nach Hause nimmt, bis Mami wieder heimkommt.»

Thomas wollte mit Papi gehen. Er hoffte, er dürfe im Auto warten, bis es soweit sei.
Aber Papi blieb fest.
«Ihr bleibt beide hier und paßt aufeinander auf, bis Tante Ursula kommt.»

Wie versprochen, holte Tante Ursula die beiden ab. Als sie bei ihr zu Hause ankamen, war ein kleines Fest vorbereitet.

«Weil heute ein ganz besonderer Tag ist!» verkündete sie.
Dann las sie Thomas und Maria Geschichten vor und sprach mit ihnen von dem, was mit Mami im Krankenhaus jetzt geschah.

«Ist es schlimm im Krankenhaus?» fragte Thomas besorgt.

«Nein, überhaupt nicht», beruhigte ihn Tante Ursula. «Im Krankenhaus ist man sehr gut aufgehoben.»

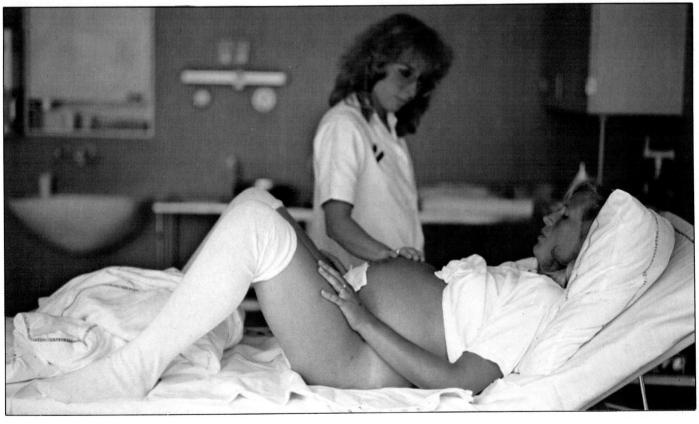

«Hat Mami noch immer Wehen?» fragte Maria. «Tut das fest weh?»

«Ja, Mami hat jetzt regelmäßige Wehen, bis das Kind geboren ist. Das kann schon wehtun, aber Mami hat geübt, sich zu konzentrieren und so zu atmen, daß sie das Kleine mit möglichst wenig Schmerzen zur Welt bringen kann. Und außerdem ist es die Sorte Schmerzen, die für etwas gut ist. Mami weiß ja, daß sie bald ein süßes kleines Baby im Arm halten wird, und dann sind alle Schmerzen vergessen!

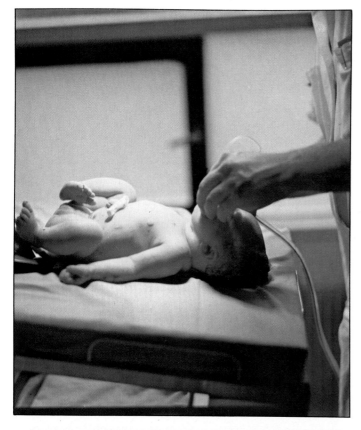

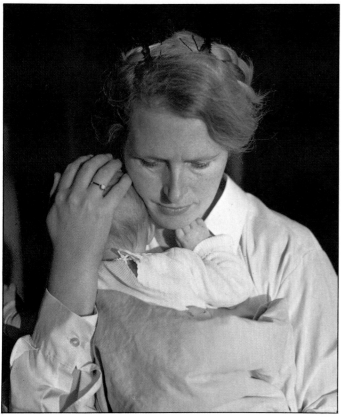

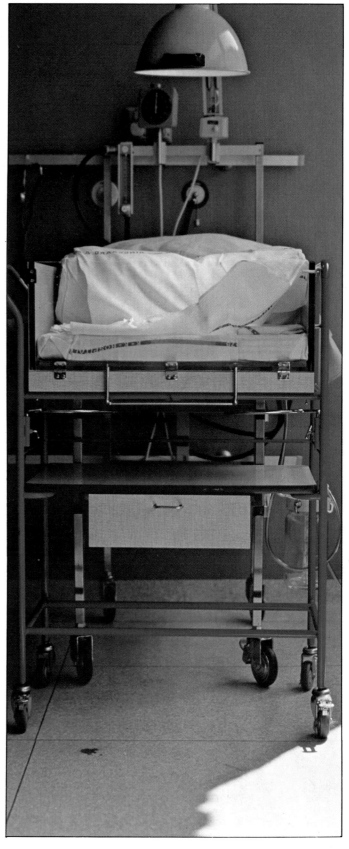

Wenn das Baby dann geboren werden soll, wird eure Mutter fest mitpressen, um es durch den Geburtskanal zu bringen. Plötzlich wird ein Köpfchen zwischen ihren Beinen herausschlüpfen. Noch einmal wird sie fest pressen, und dann rutscht das Kindchen ganz heraus. Babies sind meistens ein bißchen blau, wenn sie frisch zur Welt gekommen sind. Aber schon nach einigen Minuten werden sie schön rosa. Man wird Mami das Kind in den Arm legen, und dann darf es an ihren Brüsten Milch saugen. Anschließend bekommt es ein Bettchen direkt neben Mamis Bett, damit sie es sehen und für es sorgen kann.»

Nachdem Tante Ursula den Kindern alles erklärt und ihre Fragen beantwortet hatte, beteten sie miteinander, daß alles gutgehen möge für Mami und das Baby.

Am selben Nachmittag rief Papi aus dem Krankenhaus an. Er bat Thomas und Maria an den Apparat. Sie sollten die ersten sein, die es erfahren, meinte er.

Den Kindern stand vor Aufregung fast der Atem still, als sie Vater sagen hörten: «Ich gratuliere euch beiden; ihr habt ein süßes kleines Schwesterchen!»

«Hurra!» jubelte Maria. «Tante Ursula, ich habe eine kleine Schwester!»
Thomas brachte kein Wort über die Lippen. Nicht etwa, weil es eine Schwester war statt eines Bruders. Er wußte ganz einfach nicht, was er sagen sollte. Doch dann huschte ein glückliches Lächeln über sein Gesicht.

Es dauerte noch einige Tage, bis Mami mit dem neuen kleinen Baby aus dem Krankenhaus heimkam. Es war so winzig! Die Babykleider, die vorher so klein ausgesehen hatten, waren in Wirklichkeit noch viel zu groß. Maria und Thomas konnten es kaum erwarten, bis sie die kleine Rahel im Arm halten und mit ihr spielen durften. Sie hatte nicht gerade viel Haar – und keinen einzigen Zahn!

Maria fand sie gar nicht besonders hübsch.
Aber die Kinder wollten doch alle ihre
Freunde in der Nachbarschaft einladen, um
ihnen ihre kleine Schwester zu zeigen. Sie
waren sehr stolz.

Am Tag, an dem Mami und Papi das kleine
Baby heimbrachten, feierten sie ein kleines
Familienfest. Tante Ursula brachte einen
Geburtstagskuchen mit.

Mami zeigte den Kindern, wie ihre kleine
Schwester an der Brust Milch trank.
«Euch beide habe ich auch so gestillt»,
erklärte sie.
«Wir müssen einander helfen, gut für sie zu
sorgen! Sie ist ja auch euer Baby», sagte Papi.

Am nächsten Tag mußte Thomas zur Schule gehen, und Papi ging arbeiten. Aber Maria konnte der Mutter den ganzen Tag helfen, das Baby zu versorgen. Es gab mehr zu tun, als sie sich vorgestellt hatte. Rahel brauchte fast ständig etwas, wenn sie nicht gerade schlief.

«Aber sie ist doch wirklich niedlich!» mußte Maria nun selbst zugeben.

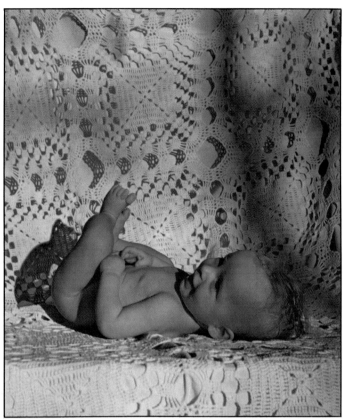

Die Tage vergingen sehr schnell. Mami schien immerzu damit beschäftigt, das Baby zu stillen, zu waschen, im Arm zu halten. Thomas und Maria kamen sich manchmal etwas verloren vor. Sie konnten sich eben nicht an die Zeit erinnern, als sie selbst Babies waren und Mami sich so viel mit ihnen abgegeben und sie so entzückt angelächelt hatte, wie sie es jetzt mit Rahel tat. Papi versuchte ihnen zu helfen, geduldig zu sein: «Rahel wird schnell wachsen. Ihr werdet sehn, es geht gar nicht so lange, bis sie mit euch lachen, spielen und herumtoben kann.»

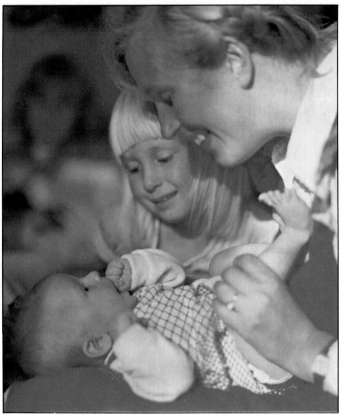

Manchmal setzte sich Mami allein zu Maria und Thomas, wenn das Baby schlief. Einmal holte sie die Baby-Fotoalben der beiden «Großen» vom Bücherregal. Sie zeigte ihnen die Fotos, die Papi von ihnen gemacht hatte, als sie noch so klein waren wie Rahel. Sie erzählte ihnen, daß Gott jedes von ihnen einzigartig und besonders geschaffen habe, daß jedes von ihnen wichtig sei und daß Papi und Mami sehr stolz auf sie seien.

Das Baby wuchs und wuchs. Es begann zu lächeln und die Händchen nach Thomas und Maria auszustrecken. Für Thomas und Maria war Rahel ein richtiges Wunder. Sie mußten immer wieder staunen über Gott und seine Schöpfung.

«Papi, warum hat Gott eine so schöne Welt gemacht und Babies wie Rahel, wenn es doch auch so viele traurige Dinge gibt?» brach die Frage in Maria auf, als Thomas eines Tages auf einem Spaziergang einen kleinen toten Vogel auf dem Waldweg entdeckte.

Thomas war traurig. «Muß Rahel auch einmal sterben, Papi?»

«Weißt du, Gott hat Rahel ganz von Anfang an gekannt. Er hat einen Plan für ihr Leben. Und zu diesem Plan gehört auch das ewige Leben. Gott liebt sie, und er freut sich, daß sie in eine Welt hineingeboren worden ist, in der auch Jesus, sein eigener Sohn, einmal lebte. Jesus kann Rahels Freund und Heiland sein, genau wie für Maria und dich. Gott wird nicht zulassen, daß ihr irgend etwas geschieht, das seinen Plan für sie verderben könnte.»

«Ich bin froh, daß Gott uns liebt», sagte Thomas, als er sich von dem kleinen Vogel abwandte, und er ergriff Papis Hand.

43

Jauchzt dem Herrn, alle Welt!
Dient dem Herrn mit Freuden!
Kommt vor sein Angesicht mit Jubel! Erkennt, daß der Herr Gott ist!
Er hat uns gemacht, und nicht wir selbst – sein Volk
und die Herde seiner Weide. Zieht ein in seine Tore mit Dank,
in seine Vorhöfe mit Lobgesang! Dankt ihm, preist seinen Namen!
Denn gut ist der Herr. Seine Güte ist ewig und seine Treue
von Geschlecht zu Geschlecht.

Psalm 100